Disney

Oliver y su pandilla

Ediciones Gaviota

Ésta es la historia de Oliver, un gatito encantador que cuando era muy pequeño y ni siquiera tenía nombre fue abandonado en una calle de Nueva York. ¡Abandonado! ¡Y en Nueva York! ¿Os imagináis? ¡Algo terrible! Por suerte, conoció a Dodger, un perro callejero que necesitaba ayuda para conseguir unas salchichas… gratis, por supuesto. Luego el gatito siguió a Dodger.

Llegaron a una barcaza en ruinas atada a un muelle del puerto.
—¡Hola, pandilla! —dijo Dodger—. Mirad esto.
Esto eran las salchichas, y la pandilla la formaban Tito, un diminuto chihuahua; Francis, un bulldog; Rita, una perra afgana, y el grandullón Einstein, un dogo alemán.
Ninguno habría ganado en una exposición canina, pero, igual que Dodger, tenían buen corazón.

Admitieron al gatito y compartieron con él la comida.
Poco después, apareció un hombre.
—¡Hola, chicos! —les saludó alegremente—.
Mirad lo que os traigo.
Todos ladraron contentos: ¡una caja de galletas especiales para perros!
El hombre se llamaba Fagin y era chamarilero. Recogía cosas por las calles y las vendía. Pero sus negocios no marchaban bien. La alegría desapareció de su cara cuando oyó que un coche se paraba en el muelle.

Como temía, se trataba de Sykes, un tipo malvado:
un verdadero gángster. Había prestado dinero a Fagin y venía a reclamarlo. No podía devolvérselo porque no tenía ni un dólar.

—Necesito más tiempo —dijo Fagin.

—Te doy tres días. Ni uno más —contestó Sykes—. Y si no lo consigues…

No acabó la frase, pero Fagin quedó muy preocupado. Y la pandilla también. Los perros decidieron ayudar a Fagin. Empezarían cogiendo radios de coche para venderlas.

El gatito, inocente, acompañó a Tito y entraron en un lujoso automóvil. Al manejar los cables, el chihuahua casi se electrocuta, y salió corriendo. Asustado, el gatito se quedó en el asiento.

Y allí le vio Jenny, la hija
de los dueños del coche.
—¡Oh, qué gatito tan mono!
—exclamó Jenny—.
Te llevaré a casa y te llamaré
Oliver.
Winston, el chófer, le dijo:
—Pero, Jenny, quizá a tus
padres no les parezca bien.
—¡Hablaré con ellos!
—contestó Jenny—.
¡Seguro que me dejan tenerlo!
Jenny quería mucho
a los animales.

Jenny llamó por teléfono a sus padres, que estaban viajando
por Europa, y les pidió permiso para quedarse con Oliver.
¡Y se lo dieron! La niña se puso contentísima y presentó
el gatito a Georgette, su caniche.
—Espero que seáis buenos amigos —les dijo.
Pero Georgette estaba celosa, porque veía a Jenny feliz
con su nueva mascota.

La pandilla había seguido el coche de Jenny. Los perros creyeron que Oliver había sido raptado. Así que, tras mucho pensarlo, decidieron rescatarle, y trazaron un plan: Francis distraería a Winston, mientras los demás se colaban en la casa. Así lo hicieron, encontraron a su amigo durmiendo y se lo llevaron. Cuando al fin despertó, Oliver les explicó la situación.

No había sido raptado, sino adoptado por una amita muy cariñosa que le mimaba.
Pero aquella confusión dio una idea a Fagin, que, además, vio en el collar de Oliver la dirección de su dueña: una casa lujosa en el mejor barrio de la ciudad. Así que fingió un rapto y escribió una carta; si querían volver a ver al gato tendrían que pagar un rescate. Fagin explicó a Sykes cómo pensaba conseguir el dinero.

El gángster estuvo de acuerdo, pero tenía otros planes. Cuando Fagin encontró a Jenny en el muelle, vio que la niña traía su hucha con forma de cerdito para rescatar a Oliver. Fagin, que era un buenazo, se compadeció y le entregó el gatito. Pero entonces apareció un gran coche y alguien metió en él a Jenny. ¡Era Sykes! ¡Y había raptado de verdad a la niña!

Oliver y la pandilla se dirigieron inmediatamente al almacén de Sykes. Allí, con mucho cuidado para no toparse con los doberman del gángster, buscaron a Jenny hasta que la hallaron atada a una silla. Pero en ese momento apareció Sykes. Gracias a una polea, se elevaron y se salvaron de los dientes de los feroces doberman. Poco después corrían como rayos. Pero no se habrían salvado si a la salida del almacén no les hubiera esperado Fagin con su motocarro.
—¡Montad, rápido! —les gritó.

Sykes les siguió en su rapidísimo coche. Y empezó la feroz persecución.

—¡Os atraparé! —gritaba Sykes.

Y les dirigió terribles amenazas. Se metieron en uno de los puentes de Nueva York, un puente del ferrocarril. Fagin, con su moto, se subió a la barandilla mientras Sykes seguía por los raíles. De repente apareció un tren a toda velocidad, pero Sykes no lo vio y no pudo esquivarlo. Hubo un choque tremendo. Y allí acabaron sus maldades.

Todos volvieron a la barcaza. Se sentían felices, pero la pandilla comprendió que el sitio de Oliver estaba junto a Jenny; el gatito viviría mejor con ella y, además, no podían destrozar el corazón de una tierna criatura. Al final se dijeron adiós, pero sabían que, aunque estuvieran en diferentes lugares, siempre serían amigos.

1998 EDICIONES GAVIOTA, S. L.
Manuel Tovar, 8
28034 MADRID (España)

ISBN: 84-392-0110-9
Depósito legal: LE. 1.626-1998
Printed in Spain - Impreso en España
Editorial Evergráficas, S. L.

PREGUNTAS

1. ¿Dónde viven Fagin y la pandilla de perros?
2. ¿Qué es una barcaza?
3. ¿De qué raza es Francis?
4. ¿Por qué se caracterizan los chihuahuas?
5. ¿Cómo se gana la vida Fagin?
6. ¿Qué preocupa a Fagin después de hablar con Sykes?
7. ¿Qué se les ocurre a los perros para ayudar a Fagin?
8. ¿Cuál es el plan de Fagin para pagar a Sykes?
9. ¿Cobra Fagin a Jenny el rescate de Oliver?
10. ¿Cómo se libran de Sykes, Oliver y la pandilla?

1. Colorea a Oliver y a Dodger.
2. ¿Qué camino llevará a Rita, Zito o Francis a las salchichas?
3. Un objeto de la ilustración está repetido. ¿Cuál?
4. Rellena de negro las zonas con un punto y aparecerá un dibujo.

ZOO

5. Uno de los trozos encaja exactamente en la jarra rota. ¿Cuál?
6. Dibuja el gato de un solo trazo, sin levantar el lápiz del papel y sin pasar dos veces por el mismo sitio.
7. Aparte de los dos cuchillos de la panoplia, hay cinco más. ¡Encuéntralos!
8. Une los puntos del 1 al 70 y aparecerá el sueño dorado de Dodger.

E
G
F

9. Entre la mercancía de la tienda hay algo que no debería estar. ¿Sabes qué es?
10. El dibujante ha cometido cinco errores absurdos en la ilustración. ¡Encuéntralos!
11. Las latas de conserva siguen una secuencia lógica. ¿Cómo sería la lata que continuaría la serie?
12. Localiza en la sopa de letras los nombres: DE SOTO, DODGER, EINSTEIN, FAGIN, FRANCIS, GEORGETTE, JENNY, OLIVER, RITA, ROSCOE y TITO.

RESPUESTAS

1. En una vieja barcaza abandonada en un muelle de Nueva York.
2. Una embarcación para transportar mercancías por ríos y canales. Pero la de Fagin está retirada porque es inservible.
3. De la raza bulldog.
4. Sobre todo, por su diminuto tamaño.
5. Como chamarilero: recoge y vende cosas.
6. La amenaza del gángster si no devuelve en seguida el dinero que le debe.
7. Un disparate: robar radios de coche. Pero, como son buenos, no volverán a hacerlo.
8. Pedir un rescate por Oliver.
9. No. Cuando ve a Jenny con su hucha se arrepiente y le entrega a Oliver.
10. Gracias a la habilidad como conductor de Fagin y a un tren, contra el que el gángster se estrella.

SOLUCIONES A LOS JUEGOS

2. El camino de Tito.

3. La percha.

4. 

5. El trozo B.

6. 

7. Hay dos en el zócalo del mueble, uno en la puerta del horno, otro en el tirador de la puerta y uno en la cafetera.

8. 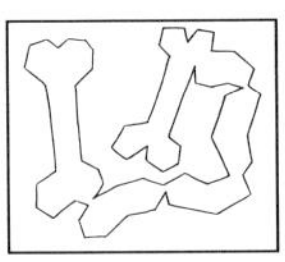

9. La caja de pescado. No se vende pescado en las fruterías.

10. La cremallera en la puerta; el picaporte arriba; una habitación cabeza abajo; la acera derritiéndose, y el cocodrilo en la alcantarilla.

11. La lata sería alta, de melocotón, con etiqueta amarilla y a la izquierda y con el flash rojo abajo a la derecha.

12. 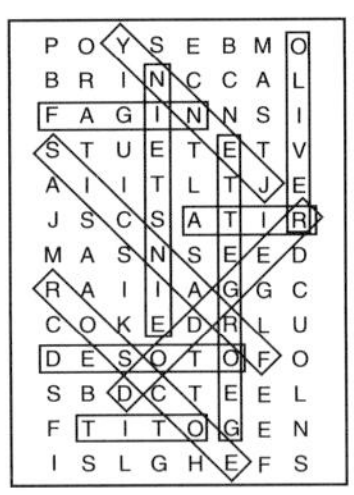